ファクトチェックとは何か

立岩陽一郎、楊井人文

岩波ブックレット No. 982

第一章　ファクトチェックとは

このブックレットは、ファクトチェックについて日本で初めて詳しく紹介する本です。

ファクトチェックとは、言説の内容が事実に基づいているかどうか、正確なのかどうかを調べて、その結果を発表することを言います。世の中に影響を与える言説や情報のうち、真偽が必ずしも定かでないものや正確さに疑いがあるものが、ファクトチェックの対象となります。ニュース記事、インターネット上の情報はもとより、政治家や有識者など社会的影響力をもった人物の言説も対象となります。

日本では時々、ファクトチェックが「事実確認」と訳されているのを見かけます。これは誤解のもとです。日本のメディア関係者からも「ファクトチェック？　そんな当たり前のことは今までやってきたよ。何をいまさら……」という反応がよく返ってきます。ファクトチェックを、メディアの取材・報道プロセスで当たり前のように行なわれてきた「事実確認」作業と混同しているのです。

「事実確認」という日本語から思い浮かべるものと、欧米を中心に行なわれてきたファクトチェック(Fact-Checking)は似て非なるものです。多くの日本人は「事実確認」という言葉から、メディアの報道や研究発表など対外的な発表内容に誤りがないように、取材や調査のプロセスで慎重に事実関係を調べる作業を思い浮かべるのではないでしょうか。

本書で扱うファクトチェックは、そういうものではありません。すでに公表された言説を前提に、その言説の内容が正確かどうかを第三者が事後的に調査し、検証した結果を発表する営みです。

このように「事実確認」と「ファクトチェック」は、正確な事実調査を行なう点では共通していますが、目的がまったく異なるのです。「事実確認」は調査の過程で不確実な情報は除外し、確実に事実と確認されたことを前提に発表等を行ないますが、「ある情報が不正確だった」ことを積極的に公表しようとはしないでしょう。他方、「ファクトチェック」は、調査の結果、「ある情報が不正確だった」ことが判明すれば、それを積極的に公表し、社会と共有しようとします。ここに大きな違いがあります。

このような意味での「ファクトチェック」は、従来の日本語の概念にないものです。あえて訳すなら、「真偽検証」という言葉が最も本質を表していると考えられます。あるいは、「言説の真偽検証」「真実性検証」「正確性検証」という訳語でもよいと思います(「事実検証」という訳語も時々みられますが、この言葉も、ある百科事典では、調査の方法論である「仮説検証」の対語として紹介され、「事実をありのまま調査する立場」と解説されている用語なので、あまり適当でないと思います)。

ただ、あえて訳すなら、という話ですので、本書では基本的に、外来語のまま「ファクトチェック」という言葉を使いたいと思います。

「フェイクニュース」問題とともに注目度が高まったが……

みなさんは「フェイクニュース」(偽ニュース)という言葉を聞いたことがあるでしょう。二〇一七年に流行語になりました。前年の米国大統領選で事実に基づかないニュース記事がインターネット上で拡散したことが大きな問題になった上、ドナルド・トランプ大統領が就任後、自身に批判的なメディアの報道を指してこの言葉を繰り返し使ったことも大きく影響しています。

この「フェイクニュース」問題に対抗する手段として、ファクトチェックという活動や、それを行なっている団体にも注目が集まるようになりました。米国では「フェイクニュース」拡散の元凶と指弾されたフェイスブック(Facebook)がファクトチェック団体と提携すると発表したことも大きく取り上げられました。検索サービス大手のグーグル(Google)も、ファクトチェック団体による検証結果を自動的に表示させるサービス導入を発表しました。

しかし、ほどなくして、こうした対策は「フェイクニュース」問題にあまり効果がないようだ、といった指摘も現れるようになりました。「フェイクニュース」を拡散している人たちにファクトチェック団体の検証結果が届いていないとか、届いていたとしても信用されておらず逆に確信を強めてしまうとか、拡散を止める効果がない(「バックファイア効果」とも呼ばれています)、というのです。ファクトチェックによって対立候補の民主党ヒラリー・クリントン候補よりも共和党トランプ候補に事実と異なる発言が多いことが判明したのに、トランプ氏が当選してしまったという結果からファクトチェックの限界を唱える人もいました。しかし、これにも大きな誤解があります。

ファクトチェックは、いわゆる「フェイクニュース」問題に対抗する手段として始まったものではありません。起源は、一九二〇年代に米国の雑誌を発行する出版社が、印刷前に事実の誤りがないかどうかをチェックする専門職「ファクトチェッカー」(Fact-Checker)を置いたこととされています。ファクトチェッカーは、単に誤字・脱字などをチェックするのではなく、記者から取材ノートや資料を取り寄せ、必要なら再取材もして、記事の正確性を徹底的に検証していたといいます。一九九〇年代からは、様々な噂や政治的言説を対象にしたファクトチェックがインターネット上で行なわれるようになりました。ファクトチェック自体は、言説や情報の真偽を調査して明らかにするシンプルな営みであり、それ以上でもそれ以下でもありません。インターネット上の大量の情報から虚偽やでっち上げの情報を素早く発見することを目的としているわけでも、これを撲滅することを目的としているわけでもないのです。

ましてや、どの候補が当選したかという選挙結果とファクトチェックは直接関係のないことで、両者を関連づけるべきではありません。ファクトチェックは、虚偽発言の多かった候補を落選させるための活動ではないからです。有権者は、政策の内容や主義・主張など様々な要素を考慮して投票行動を行なうものです。発言内容の正確性も判断材料になる場合がありますが、何を決め手にして投票するかは有権者各人の判断です。ファクトチェックは有権者に判断材料の一部を提供するものにすぎません。ですから、トランプ氏が当選したことをもって、ファクトチェックに効果がなかったとか、不十分であったという議論と結びつけるのは、ファクトチェックの本来の目的を取り違えているのではないでしょうか。

「フェイク」判定がファクトチェックの目的ではない

そもそも「フェイクニュース」とは何でしょうか。この概念自体が非常に曖昧で要注意です。

一応、「ネット上でいかにもニュース然として流布される嘘やでっち上げ」(ユーキャン新語・流行語大賞トップテン)、あるいは「何らかの意図があって、故意に流された虚偽の情報」(三省堂の「今年の新語二〇一七」ベストテン)といった説明がなされています。まがい物を意味する「フェイク」という言葉からもわかるように、単なる誤情報(misinformation)ではなく、意図的な虚偽情報(disinformation)、捏造(ねつぞう)(fabrication)という意味が含まれています。ただ、根拠が定かでない情報を含めて使われることもあるようです。いずれにせよ、「フェイクニュース」を論じるときは、それが何を指しているのかを明確にしておかないと議論が混乱することになります。欧米のファクトチェック関係者の間でも「フェイクニュース」という言葉を安易に用いるべきでないという議論が高まっていることは、知っておくべきでしょう。

繰り返しになりますが、ファクトチェックは、「意図的な虚偽情報」としての「フェイクニュース」を暴くことを目的としたものではありません。その言説が事実と根拠に基づいているのかどうかを調べるうえで、発信者の意図や正体を調べることは必要でないからです。それを調べようとすれば、ファクトチェックとは異なる調査が必要になるでしょう。慎重な調査を経ずに、「フェイク」(嘘つき、でっち上げ)と決めつけることは、ファクトチェックの本旨にもとることになります。ですから、ファクトチェックにおいては、故意があったのか、どういう意図や動機でなされたのか、といった発信者の主観面には、不用意に立ち入らないのです。

ファクトチェック・イニシアティブの旗揚げ

世界で行なわれているファクトチェックの多くは、政治家やコメンテーター（有識者）の発言、ネット上の言説や記事を対象としています。日本では、筆者の一人の楊井が二〇一二年に「ＧｏＨｏｏ（ゴフー）」というサイト（日本報道検証機構運営）を立ち上げ、大手新聞社の報道を対象とするファクトチェックをしてきました。ただ、このほかにファクトチェックの手法を用いて継続的に記事を出すメディアはこれまでほとんどありませんでした。インターネット上で政治家や有識者がメディアを飛び越えて直接発信する時代に入り、新たな情報サイトが次々と勃興する中で、ファクトチェックすべき範囲はますます広がっています。

日本でもより多くの人がファクトチェックに関わるようになるためには、その意義と手法をもっと理解してもらう必要があります。そうして、楊井が二〇一七年六月、早稲田大学ジャーナリズム大学院の瀬川至朗教授（元毎日新聞編集局次長）ら各界の識者に呼びかけ、新たに「ファクトチェック・イニシアティブ」（FactCheck Initiative Japan、略称ＦＩＪ）を立ち上げました（二〇一八年一月、ＮＰＯ法人化）。筆者の立岩もその中心メンバーで、世界のファクトチェック関係者と交流し、ファクトチェックの手法を実践し始めています。

従来も、ある言論や情報に対して事実誤認だと指摘したり、批判したりする言論はたくさんありましたが、ファクトチェックは従来の言説批判とは異なり、独自の理念と手法があります（詳しくは第二章で述べます)。ＦＩＪは、そうした理念と手法を周知していくとともに、ファクトチェックに取り組む人たちやメディア、団体を結びつけて、技術的・経済的な支援の仕組みもつくり、その量的・質的拡大を図ることを目指しています。

本書では、現段階で国際的にほぼ合意に達していると思われるファクトチェックのエッセンスを、私たちの実践的経験を踏まえつつお伝えしたいと思います。ただ、ファクトチェックの歴史はまだ浅く、発展途上であり、国や団体によってアプローチや手法に違いがあります。本書で語ることがファクトチェックの全てではないということには、ご了解いただきたいと思います。

総選挙ファクトチェック

ファクトチェックとは何かを具体的に知ってもらうために、ＦＩＪが行なった総選挙ファクトチェックを例にとりましょう。これは二〇一七年一〇月二二日に投開票が行なわれた解散・総選挙に関してなされたもので、日本で選挙を対象に大掛かりなファクトチェックを行なう初めての試みとなりました。

この試みには、ジャーナリストを中心に様々な経歴をもった人が参加しました。このうち、まず立岩が編集長を務める「ニュースのタネ」のチームが取り組んだ政治家の発言に対するファクトチェックに沿って説明します。

参加者は立岩を含め一〇人あまり。子育て中の主婦や、書籍の編集者、大学教授、大学生ら、参加者は様々です。ジャーナリストは立岩を入れて三人でした。大学二年生の男子学生は、参加した動機を次のように話しました。

「大学のゼミで選挙について議論することになって、ぼくが司会をしたんですけど、誰一人意見を言わなかったんです。でも、ぼくも意見を言えるかと問われれば言えない。それで、まずは政治家が何を発言しているのか、その発言は事実に基づくのかを知りたいと思って参加しました」

この取り組みの狙いは、総選挙に関する政治家の発言についてファクトチェックするというものです。この段階で、ファクトチェックの対象となりそうな有力政治家の公式な発言は、安倍晋三総理が行なった、解散の理由などを説明する会見内容だけでした。まずは、その内容をみなで読み込んで、ファクトチェックの対象となりそうな発言を探します。

ニュース性より事実に着目

ファクトチェックとは、対象とする政治家の見解、評価が正しいかどうかを判定することではありません。あくまでも発言の中で示された事実について本当かどうかを確認するというものです。ですから、まずは発言の中で事実として語られている部分を探し出さねばなりません。総理大臣の演説をファクトチェックの対象にするというと、その演説の内容や示されている政治的な方向性に賛同できるか否かを議論したくなるかもしれません。しかし、それはファクトチェックとは関係ありません。くどいようですが、あくまでその発言の中で、事実として発せられた部分について、その真偽を検証する作業となるのです。

この時、参加者の一人から、意見が出ました。

「森友学園、加計学園の問題については『丁寧に説明する努力を重ねてまいりました』って言っていますけど、これに異論を唱える人は多いと思います。これはファクトチェックとして取り上げた方が良いのではないでしょうか？」

これにジャーナリストの一人が呼応して、「やはり森友学園と加計学園はニュース性が高いので落とせないでしょう」と発言しました。

しかし、考えてみると、この発言はファクトチェックには馴染みません。「説明する努力を重ねてまいりました」というのは安倍総理の認識であって、検証可能な事実ではないからです。たしかにいくつかの事例を挙げて「努力を重ねてまいりました」とは言えないと指摘することはできます。しかし、それも指摘した側の評価にすぎません。それに対して、安倍総理は「あなたはそう考えるかもしれないが、私としては努力を重ねた（と認識している）のです」と反論することが可能であり、その結果、堂々めぐりに陥ってしまいます。それではファクトチェックの意味がありません。

ニュース性の高さについては微妙な点です。ファクトチェックは、チェックする対象となる言説を選ぶ際に、社会にとっての公益性を重視します。そして、その公益性はニュース性と密接に絡んでいます。社会にとってあまり意味をもたない言説は、ファクトチェックの対象とする価値が低いとも言えます。ただ、ニュース性について、「いま話題になっているテーマ」という意味で捉えるならば、やはりファクトチェックはそれとは一線を画した作業と考えるべきでしょう。

参加者の中でその点を再度話し合ったうえで、再び会見内容を読み進めます。その結果、以下の内容をファクトチェックの対象とすることが決まりました。

「（消費税率の）二％の引き上げにより、五兆円強の税収となります」

「この二年間で正規雇用は七九万人増え、正社員の有効求人倍率は調査開始以来、初めて一倍を超えました。正社員になりたい人がいれば、かならず一つ以上の正社員の仕事があります」

「内需主導の力強い経済成長が実現しています」

いずれも、解散の理由である消費税率の引き上げに関わる重要な点との判断からです。

ファクトチェックの開始

では、事実を検証する作業はどういうものだったのでしょうか。「（消費税率の）二％の引き上げにより、五兆円強の税収となります」で説明しましょう。

ファクトチェックのチームが調査を進めている場面をイメージしてください。テーブルの上に電話機を置いてハンズフリーの状態で、みなで電話の向こうの話に耳を傾けています。電話の相手は、財務省主税局総務課の担当者です。担当者に質問を投げていきます。

「税率を上げて得られる税収などに、根拠はあるのでしょうか？」

「根拠が無いということではありません。根拠に基づいて算出をしているということです。これは予測値でしかありません」

「景気動向とかを加味しているのですか？」

「それはありません。これは予測値です」

ここで初めて、安倍総理の発言は「予測値」を語っているものだということがわかりました。つまり安倍総理は予測値をもって、「五兆円強の税収となります」と断言したということです。

私たちは、予測値の算出方法を確認します。

「去年一年間の消費税の税収は一七兆円余りで、それを消費税率で割って一%あたりの税収を出します」

財務省の担当者の説明は明快なものでした。二〇一六年度の消費税で得られた税収の国税分約一七兆一八五〇億円を、国税分の税率である六・三%(地方消費税と合わせて八%)で割って一%あたりの税収を算出したもの(二・七兆円)を二倍(二%分)にしたものが安倍総理の語った「五兆円強」だったわけです。安倍総理は後にNHKの番組で、「五兆四〇〇〇億円」と述べています。

ファクトチェックの作業はさらに続きます。次に、はたして予測値通りに税収は得られると言えるのかを確認する必要があります。過去、二度にわたって消費税は増税されています。その際は、「予測値」の通りの税収となっているのでしょうか。「五兆円強の税収となります」と総理が断言できるような状態なのでしょうか。これは過去のデータを集めれば検証できます。

その結果、三%から五%に上げた時は予測値を約一兆円上回る税収となり、五%から八%に上げた時は逆に、予測値を一兆円以上下回る税収となっていました。つまり、いずれのケースも「予測値」の通りにはなっていませんでした。

安倍総理の発言は、財務省が説明する通り、根拠はあります。しかし、それが「事実」だと認めるのにも難しい点があります。私たちは安倍総理のこの発言について次のように評価しました。「事実と認めるには不確かな内容がある」

「ニュースのタネ」ではファクトチェックにキャラクターをつけています。エンマ大王です。評価を、言葉とは別に、エンマ大王の度合いで示すものです。次のようにしています。

- ゼロ・エンマ大王＝事実
- 1エンマ大王＝事実と認めるには不確かな内容がある
- 2エンマ大王＝根拠はあるものの必ずしも事実とは言えない
- 3エンマ大王＝事実ではない
- 4エンマ大王＝嘘

エンマ大王のキャラクターはＦＩＪのメンバーの知り合いのお子さんが描いてくれました。ファクトチェックは、その検証の内容を多くの人に知ってもらうことで、目的とする公益性への貢献を果たすことができます。関心を引くために、キャラクターを使うといった工夫も必要です。

野党側の発言のファクトチェックも

先ほどの発言は当然、総理大臣として安倍総理が発言したものです。国会の解散を決めることができるのは憲法解釈により事実上、総理大臣(内閣)だけとされているからです(いわゆる七条解散。この憲法解釈には有力な異論もあります)。つまり、この発言は自民党総裁として行なわれたものではないということです。

とは言え、安倍総理が自民党の総裁であることも間違いありません。ですから、公平性というファクトチェックの原則から、この総選挙ファクトチェックでは、その後に出てきた野党側の発言も取り上げていきます。

その一つが、希望の党の選挙公約時の会見で語られた、「消費税増税凍結については、『では財源をどうするのか?』ということについては、我々は逃げるつもりはございません。資本金一億円以上の企業の内部留保というものが三〇〇兆円ぐらいある。これに対して課税をすることで代わりの財源にしていく」というものです。

財務省がまとめた法人事業統計にある「利益剰余金」という項目を確認し、そこで金融・保険を含む数値を見つけました。その中の資本金一億円以上を合計すると三〇八兆円という数字が出てきました。これを財務省の法人税課の担当者に確認し、他に「三〇〇兆円ぐらい」に該当する数値がないことを確認しました。そして、この数値がもつ性格を専門家に確認していきました。ここでは詳細には触れませんが、検証の結果、この「三〇八兆円」は会計上の数字であって、その金額がそのまま企業に蓄えられているわけではないということがわかり、「事実と認めるには不確かな内容がある」と評価しました。

日本維新の会の松井一郎代表が選挙の公示日の、「幼稚園の四歳、五歳、そこから高校の私学まで実質、無償化しているのは大阪だけです。それだけのことはできるわけです。これは実行してきたということなんです」という発言も対象にしました。その結果、四歳、五歳の幼稚園、保育園の無償化を実施している大阪府内の自治体は、大阪市、守口市だけで、これに五歳児の無償化をしている門真市を加えても三市のみだったことがわかりました。また、私立の小中学校については特別な取り組みは行なっておらず、国の施策として所得に応じて年間一人あたり一〇万円の補助があるのみでした。他方、高等学校については、公立高校に通う生徒の約八五%で授業料の無償化が実施されており、私学に通う生徒の約五割で授業料の無償化が実施されていました。

松井代表の発言は、あたかも大阪府全体で教育の無償化が実現しているとの印象を与えるものとなっており、ファクトチェックの結果は「事実ではない」となりました。

志位和夫・日本共産党委員長が外国特派員協会の会見で語った、「私たちは、日本の過労死がなぜ生まれるか、その最大の原因は、残業時間の法的規制がないというところにあると考えています。労使で合意すればどんなに残業時間を長くしてもいいというのが現行法制なんです」も対象としました。

これについては、様々な解釈があるものの現行法制でも、「どんなに残業時間を長くしてもいい」とはなっていないことがわかり、「事実と認めるには不確かな内容がある」と評価しました。

調べた結果、「事実」と評価することも

安倍総理の発言、「内需主導の力強い経済成長が実現」については議論が続きました。内需主導かどうかは簡単に出ます。GDP(国内総生産)から輸出総額を引いた額が内需となります。これが輸出総額より大きいか否か判断できます。日本は加工貿易によって栄えた国だと教わってきた私のような世代にはいささか意外なのですが、政府の統計からは、日本は圧倒的に内需主導であることがわかります。

では、「力強い経済成長が実現しています」はどうでしょうか。経済成長にはいくつか指標があります。その多くは右肩上がりとなっています。ただし、家計消費の指標を示す政府の統計では、実は二〇一三年から連続して前の年を下回っています。ファクトチェックは最終的に何らかの評価を下さねばなりません。議論は続きましたが、最終的には、「安倍総理の発言は消費税率を引き上げる根拠としてのものであり、そうであれば、消費税がもっとも影響を与える家計消費の指標が最も重要な数値になるはず。これが下がっていたら『力強い経済成長が実現しています』と言えないのではないか」。こう考え、「事実を認めるには不確かな内容がある」としました。しかし、その後、複数の専門家の方から、安倍総理の発言自体は事実とした方が妥当との意見が寄せられました。このため、再検証を加え、判定を「事実」に変えて、留意点として家計消費の指標が下がっている点を付記することにしました。

ファクトチェックの結果を公表した後でも、修正の必要が生じれば、再検証の作業を経たうえで修正しなければいけません。事実を確認する作業は当然、他者からもその妥当性が検証される

わけです。そして誤りが認められれば迅速に正さなければなりません。

ファクトチェックは発言者の人格をおとしめるものではありませんし、そういう趣旨で行なわれるべきではありません。まして、政治的中立性が疑われるようなファクトチェックは抑制的であることが求められます。発言者の政治的立場がどうであれ、また、調べた結果が「事実」であれ「非事実」であれ、その結果を検証内容とともに明確にすることが重要です。また、評価を変えた場合は、その旨も明確にすることが求められます。

メディアの情報もファクトチェック

以上、私たちが行なった政治家の発言に対するファクトチェックを紹介しましたが、その対象はそれだけではありません。ネット上で流される大量の情報もファクトチェックの対象となります。いわゆる「フェイクニュース」と言われるものの多くはネット上で発信されています。また、新聞やテレビといった大手メディアの報道でも、事実と異なる内容が報じられることがあります。それも当然、ファクトチェックの対象となります。

こうした様々なメディアに関するファクトチェックの事例を少し紹介しましょう。以下は、米国系ネットメディア「バズフィード・ジャパン」(BuzzFeed Japan)によるものです。

「安倍が国連の選挙監視団を断ったからねっ!!」というネット情報については、国連が日本に選挙監視団を要請するという計画がそもそもないことを確認し、「偽情報」としました。

「『希望の党』の住所が『自民党東京第十選挙区支部』と完全に一致」については、この自民党支部がすでに二〇一八年六月に解散して存在しないことを確認して、「不正確」としました。「立憲民主党のTwitterアカウントのフォロワーが急増していることに対し、『フォロワーをカネで買っているのではないか』と指摘する記事や言説」については、フォロワーを分析するツールを利用して調べるなどした結果、そのような事実は確認されなかったとして、「根拠がない」としています。

ネット上で流される「フェイクニュース」はその深刻さの度合いを増しています。たとえば、著名な俳優をターゲットに偽情報が流されるなど、個人攻撃として放たれるケースも多くみられます。そうした「フェイクニュース」を信じる人は、それをさらにSNS（ソーシャル・ネットワーキング・サービス）などを通じて拡散させます。国会議員が差別的な「フェイクニュース」の拡散に手を貸しているケースもありました。

その国会議員に直接、その事実を指摘したところ、それを「フェイクニュース」だと思わずに拡散させていたとして、「国会議員だからといって、どの情報が正しくてどの情報が正しくないとは言えない」と釈明しました。

その国会議員は指摘を受けて拡散を止めましたが、一度ネット上に拡散した偽情報をすべて訂正、削除することはほぼ不可能です。また、発信元に偽情報だとして通報、もしくは削除するよう要求しても、それに応じるサイトばかりではありません。

こうしたネット上の「フェイクニュース」への対抗策としてファクトチェックが行なわれることもあります。後述する欧州のケース（四八頁）はその一例です。

ファクトチェックの対象はネット上の「フェイクニュース」だけではありません。大手メディアの報じた内容も対象となります。以下は楊井の日本報道検証機構によるファクトチェックです。

「(自民党の選挙公約から)女性の活躍の文字も消えた」は毎日新聞が社説で書いたものでした(二〇一七年一〇月三日付朝刊)。これについて調べたところ、自民党の選挙公約である「政策BANK2017」には〝女性活躍〟の項目がありました。記載の量はその前の衆議院選挙時より減っているものの、公約から「消えた」とは言えないとして、「不正確」としています。

「朝日・毎日新聞の報道は『希望と民進の合流は反安倍でとにかくOK』」は、橋下徹前大阪市長が語った言葉を産経新聞が報じたものです(二〇一七年九月二九日付)。これについても「不正確」と判定しています。

「新党を作るには、原則国会議員五人以上の参加が必要だが、衆院解散に伴い前衆院議員はカウントできない」は産経新聞が報じたものでした(二〇一七年一〇月一日付)。これについて調べたところ、政治資金規正法施行令、政党助成法施行令に、解散後の前衆議院議員も政党要件の「国会議員」に算定すると書かれており、「事実に反する」としました。産経新聞はこの指摘を受けて記事を訂正しました。

誰でもできるファクトチェック──作業のまとめ

これまで述べてきた事例を参考に、ファクトチェックについておさらいしておきます。

まず、発言の中に含まれる客観的に検証可能な事実を対象にするということです。先に紹介した総選挙ファクトチェックでの議論がそれです。そのエピソードでも紹介した通り、ここで「意見」や「認識」を排除し、「事実」のみを抽出する必要があります。

対象が決まれば、検証作業です。インターネットが発達した今は、図書館に行く必要は基本的にありません。ただし課題はあります。インターネットで得られた情報はその出所を確認する必要があります。根拠が問われるからです。統計については最終的に、政府機関に確認する作業も必要になります。これは電話で可能です。その時に、話を聞いた相手の立場と名前を確認するのは必須です。ＩＣレコーダーなどでやり取りを録音してさえいれば証拠になると思っている人が多いのですが、それでは十分ではありません。必ず話をした相手の肩書と名前を書きとる必要があります。そして検証作業が終わったら評価です。事前に設定した評価の中から何が適しているのかを参加者で議論します。ここでは参加者全員が納得した評価を選びます。さらに言えば、その後も外部から指摘があれば、評価を見直すことも必要です。

実はあまり難しい作業ではないということがおわかりいただけると思います。ファクトチェックは誰にでもできる作業なのです。

第二章　基本ルール

ファクトチェックが対象とするのは「事実言明」

ファクトチェックは歴史がまだ浅く、目的や手法をめぐって様々な議論がありますが、本書では米国の先駆者団体「ポリティファクト」(PolitiFact)などの代表的なファクトチェック団体が実践している最もオーソドックスな考え方を紹介したいと思います。

ファクトチェックは、その言説や情報が事実に基づいているのかどうかを調査し、その正確性についての評価を、証拠を示して発表する営みです。基本的な流れは、①チェックすべき言説を選択・特定し、②事実かどうか、裏づけとなる証拠(エビデンス)があるかどうかを調査し、③調査の結果に基づきその言説の正確性評価を行ない、④記事化します。

言説の主体は基本的に問いません。メディアや有識者、政治家など、社会的に影響力の強い、あるいは社会的・政治的責任の伴う立場の人物や組織・機関などが主な対象ですが、社会に重大な影響を与えるものであれば一般私人がツイッターなどインターネット上で発した言説・情報も対象となることがあります。

政治家や政府関係者の言説を対象としたものを「政治的ファクトチェック」(ポリティカル・ファクトチェック)と呼ぶこともありますが、ファクトチェックは政治分野に限られるわけではありません。様々な社会的事象や科学的な分野に言及した言説も、対象とすることができます。書かれた文字であれ音声であれ、テキスト化できる言説は、対象になり得ます（ちなみに、データ、画像や映像の真贋・信憑性を検証する作業は、ベリフィケーション〔verification〕と呼ばれることがあり、ファクトチェックとは別の手法が必要です。これも大事なのですが、本書では取り扱いません）。

まず最も重要な点は、ファクトチェックは事実に関する言説（事実言明）を取り上げるものであって、意見や見解を述べたにすぎない言説の是非を評価するものではない、という点です。ここでは事実（ファクト）と意見（オピニオン）の峻別（しゅんべつ）がポイントとなります。事実を述べたものなのか、意見を述べたにすぎないのか、一見して明白なものもあれば、どちらか判断に迷うものも少なくありません。その言説が、客観的な証拠によって事実の存否や正確性を判断できる事柄に言及していれば、ファクトチェック可能な事実言明といえます。判断に迷ったら、その事柄は事実や証拠を調査して、真偽を判定できるものかどうか、を頭の中でテストしてみるとよいでしょう。

ファクトチェックの性質上、その言説が言及している事実の具体性が高ければ高いほど検証しやすくなります。逆に、抽象度が高ければ高いほど検証困難、あるいは不可能となります。定義の定まっていない概念、曖昧な概念に言及したものや意味不明瞭な言説も、ファクトチェックの対象にはなりません。将来の予想を述べた言説も扱いませんが、一定の事実を前提に将来の出来事を確定的・断定的に述べたものは、その前提事実が正確かどうか、根拠に基づいているかどうかをチェックすることができます。

一般人の解釈を基準に事実言明の内容を特定

ここで少し難しいのは、生の言葉は複数の解釈が成り立つことが多いため、当該言説がどのような事実関係に言及したものなのかを特定する作業が必要になるケースがあることです。

たとえば、Aという人物が公の場で「彼(B)が犯人に違いない」と発言したとしましょう。これは事実言明でしょうか、単なる意見でしょうか。「に違いない」という点に着目すれば、意見のようにも思えます。しかし、Bが犯人であるとほぼ断定している事実言明でもあり、これを聞いた一般人も「Bが犯人である」との事実を印象づけられる恐れがあります。もしBが犯人でなければ、「Bが犯人に違いない」という発言は重大な誤解を招くものでしょう。ですから、Aの発言を、「Bが犯人である」という事実言明と解釈するのが妥当と考えます。そうすると、Bが犯人かどうか(その犯罪を行なった事実があるか)が調査すべき事項となります。

特定の具体的事実を言明していなくても、その意見が具体的事実を前提に、それを言外に印象づけるものであれば、事実言明と解釈できる場合もあります。たとえば、はっきりと「Bが犯人」だと言明していなくても、Bが犯人であることを前提にした論評や意見表明がなされ、一般視聴者・読者に「Bが犯人」との印象を強く与える恐れがある場合は、その意見表明は「Bが犯人」という事実言明を含む、と解釈することも可能だと考えられます。

このように、ファクトチェックは、その言説に対する一般人の国語力による理解・解釈を基準にして、客観的に検証可能な事実言明を特定したうえで、調査を始めるのがオーソドックスな手法です。他の解釈可能性がないか吟味し、複数の解釈が成り立つ場合は、どの解釈を採用するのかを明示する必要があります（複数の解釈全てのケースを検証する手法もあります）。

国際標準的なファクトチェックの原則とは

ここまでお読みになったみなさんは、ファクトチェックにはある種の禁欲が求められることにお気づきかと思います。自分の表現したいこと、伝えたいことを伝えるという「自己表現」とも、ニュースバリューがあると考えるから報じるという「報道」の営みとも、性格が異なるのです。

ファクトチェックは、それが事実に基づいているか、本当に証拠や裏づけとなるものはあるのかを調査し、正確な事実を人々に伝えることを目的としています。ですから、ファクトチェックを行なう人は極力、まず予断（思い込み）や主観を排して、本当に事実であるかを虚心坦懐（きょしんたんかい）に、フェアに探求する精神が求められるのです。

世界中のファクトチェッカーたちが議論を積み重ねて合意に達した基本原則があります。国際ファクトチェックネットワークがまとめ、二〇一六年九月に綱領として発表されたものです（International Fact-Checking Network fact-checkers' code of principles。以下「ファクトチェック綱領」、あるいは単に「綱領」と呼びます）。

この綱領の精神は、一言でいえば、透明性・公開性にあります。以下でそれを少し詳しく紹介したいと思います。

最も重要な、非党派性・公正性の原則

ファクトチェック綱領は五つの原則から構成されています。①非党派性・公正性、②情報源の透明性、③財源と組織の透明性、④方法論の透明性、⑤訂正の公開性です。

一つ目の非党派性・公正性(non-partisanship and fairness)の原則は、一方の立場に偏ったファクトチェックをせず、全てのファクトチェックを同じ基準で、公正に行なうということです。ファクトチェックは、特定の政治的主張のために行なうものではないからです。これが五原則の筆頭に挙げられていることからわかるように、ファクトチェックで最も重要な理念です。

わかりやすくいえば、ファクトチェッカーは裁判官のような役割だといってもよいでしょう。裁判官は、さまざまな事件を扱いますが、ケースによって判断基準がバラバラだったり、自分の好き嫌いでさじ加減をしたりしては、誰も裁判を信用できなくなります。どのケースにも、双方(民事であれば原告・被告、刑事であれば検察官・被告人)の言い分を踏まえて、同じ判断基準と手法によって、客観的な証拠に基づいて結論を導き出すことが裁判官には求められます。

理想は、裁判官が誰であっても、完全な客観性をもって同じ結論に達することでしょう。ですが、裁判官といっても人間です。個性があります。人間である以上は好き嫌いや思想・信条は多少なりとももっています。それぞれの裁判官は高度な法的思考力をもち、同じ判断基準で裁判をやっているはずなのに、一審と二審で事実認定や結論が真逆(まぎゃく)になることも少なくありません。そこが裁判の難しいところでもあります。裁判は、機械が計算式に当てはめて答えを出すこととは、本質的に異なるのです。ファクトチェックも同じです。

裁判とファクトチェックの似ている点

裁判には完全な客観性は望めない、しょせんは人間のやることで間違った判断は避けられず、主観性も否定できないからといって、裁判には意味がない、ということになるでしょうか。いっそのこと、立場の偏向性を開き直り、裁判官の価値観に従って裁いてもらって構わない、という話になるでしょうか。そんな話になるはずはありません。誰もが、完全な客観性や中立性はあり得ないことをわかりつつ、それでもなおかつ公正な裁判を望んでいるのです。なぜでしょうか。

それは「公正さ」という概念をいったん放棄してしまえば、誰もが法律や司法の仕組みを信頼できなくなり、間違った裁判が横行して当事者にも社会にも有害なものになることが容易に予見されるからです。つまり、困難とわかっていてもその理念に基づいて行なう裁判と、最初から理念を放棄して行なう裁判とでは、雲泥の差があるということです。公正であろうと努めても人間なので間違いや不公正な判断は起き得ますが、その理念を最初から無視する場合に比べれば、はるかにそうした事態を少なく抑え、より真相に近づくことができるはずです。だから、個性のある不完全な裁判官が担っているからといって、あるいは「公正」の理念は胡散臭いからといって、手放すことは誰も考えないわけです。

少し裁判の話に深入りしたのは、ファクトチェックに求められる精神態度と似ていて、わかりやすい例だと思ったからです。

いうまでもなく、ファクトチェックは、国家の強制的な権力を背景に起訴された側に重大な不利益を課すことになる裁判とは異なり、何ら強制力を背景としない言論活動の一種です。ただ、思想・信条に基づく自由な表現活動ともやや異なり、自分の意見はなるべく排し、徹底的に事実の究明にこだわる点、「公正さ」を重視して特定の思想・信条を超えた幅広い信頼を得ようとする点が、裁判の営みと似ているように思えるのです。もちろん裁判官ほどに、自己表現に禁欲的でなければならないわけではありません。ファクトチェックの場面では事実究明に徹すべきですが、それ以外の場面で自分の意見を述べることはもちろん自由です。

特定の立場を批判・擁護するためのものではない

ファクトチェックは比較的新しい活動であることもあり、その「公正さ」に疑問をつけられることも少なくありません。ファクトチェックといっても、しょせんはそれぞれの思想・信条をもった人間がやることであり、バイアス(偏向)は免れない、完全な中立・公正なファクトチェックなど望めず、そう簡単に信用できるものではない、といった類いの話をよく目に耳にします。しかし、裁判の例からわかるように、大事なのは(理想に少しでも近づくための)理念なのです。理想は実現不可能だから、理念も無意味ということにはならないのです。

だから、ファクトチェックにおいては、非党派性・公正性の原則が最も重要なものと位置づけられているのです。特定の人物や党派・思想的立場を攻撃、批判したり、あるいは擁護したりするために行なわれるものはファクトチェックとは言えないでしょう。そうした政治性を掲げて事実の検証を行なうのも表現活動の一環であり、もちろん自由ですが、本書で、これから広げていきたいと考えているファクトチェックは、そういうものではないのです。

ファクトチェックの結果がどの主張を利するかは考慮しない

では、何をもって非党派性・公正性の原則にのっとっていると言えるのか。これは言うは易し、行なうは難しの典型でしょう。この点は綱領でも詳しく述べられていないのですが、楊井の経験と解釈に基づいて説明したいと思います。

まず、非党派性とは、政治に関する言説を対象にファクトチェックするなら与野党問わずに行ない、党派的な手加減を加えないという要請だと考えられます。

争点化している問題に関する言説を扱う場合にも、そのファクトチェックを行なうことが結果的に特定の主張に利するかどうかを判断基準にしない、ということです。言い換えれば、どの立場にとって都合がよいかどうかを考慮せず、ファクトチェックするからには、容赦なく、手加減せずにやらなければならない、ということです。

ただ、対立する立場を満遍なく、量的に平等に取り上げる必要はありません。あとで詳しく述べますが、何をファクトチェックの対象にするかは、一般に、その言説の重要性、影響の大きさなども考慮して取捨選択することになります。量的平等を図ろうとして、検証の必要性の低い言説を無理にでも取り上げようとすれば本末転倒になります。

では、たとえば、政府・政権の言説に限定したファクトチェックは、非党派性の原則に反すると言えるでしょうか。政府言説は、民主主義社会において極めて大きな意味をもち、最も厳しい検証に堪(た)える必要があるという考え方からすれば、政府言説のみを対象とするファクトチェックもありえるかもしれません。それは否定しませんが、仮にそうするなら、いかなる政権であっても、つまり、政権交代が起きても同じ基準で、政府言説のみを対象としたファクトチェックを継続するという方針を掲げるべきではないかと思います。

ただ、行政府には理念的には中立性原則がありますが、現実には特定の政治勢力を基盤として政府が成り立っています（特に議院内閣制の日本はそうです）。しかも、政府は長期間持続することもありますので、政府言説だけを対象にファクトチェックし続けていると、仮にそういう意図ではなくても、特定の政治勢力に加担していると外形的には見えてしまう可能性もあります。政権を担っていない野党にも政府を正しく監視する役割があり、近い将来に政権を担うかもしれないという点で重要な存在でしょう。だとすれば、政府言説とともに野党の言説も同じ基準でチェックした方が、党派性の疑義を軽減できると考えています。

自分の認識を絶対視せず、異なる立場から吟味を受ける

ファクトチェッカーにとって大事なことは、自分の思想・信条や認識を絶対視せず、修正できる柔軟さをもつことです。あえて思想・信条と異なる事案を意識的に取り上げるように努め、常に特定の立場を手加減していないだろうかと自問自答しながら取り組むことです。

なるべく思想・信条、立場の異なる人とも組んでやることも重要です。考え方が似たりよったりの仲間どうしだけでは、どうしても自分たちの正しさを過信し、偏りや過ちに気づきにくくなります。異なる立場、違った視点の持ち主からの吟味を経た方が、論証の説得力も増します。そ

う、ファクトチェックは立場が異なっていても、理念と手法さえ共有できれば一緒にやれる作業であり、その方がむしろよい営みなのです。

公正性も、基本的に非党派性と似た概念ですが、その本質は、反対の立場からも受け入れ可能な手続きを尽くしている、ということかと思います。綱領の二つ目以降の原則は、この不偏不党・公正の理念を実現するためのものなのです。それを次に説明したいと思います。

正確性と検証可能性を担保するための「情報源の透明性」

二つ目の原則は、情報源の透明性(transparency of sources)です。簡単にいえば、ファクトチェックで使った情報の出所をできるだけ明らかにするという原則です。ファクトチェックの判断が妥当なのかどうか、読者側がその情報源をたどって検証できるようにするためです。

従来の報道でも原則として情報源は明示し、取材源の安全を保護する必要がある場合に限り匿名にするものとされています。ただ、日本では、「取材源を秘匿することは、報道機関が何より優先すべき責務であり、個々の記者にとっては、取材活動の根幹をなす究極の職業倫理」(二〇〇三年、日本新聞協会の見解)と強調され、情報源の明示についてはそれほど重視されてきませんでした。取材源を明かせば取材源との信頼関係が崩れ、取材活動に支障をきたすと考えられてきたからです。

そのため、どちらかというと取材源を秘匿することが原則で、承諾があった場合に限り明示するという考え方が強いと言えます。実際の報道をみても、匿名の情報源で書かれたものが大変多いのです。ただ、少数ながら、情報源の明示を原則とすべきだと訴えるジャーナリストもいます。この立場を明らかにしていた故・藤田博司氏（元共同通信論説副委員長）は、情報源の明示が重要である理由を五つ挙げています（『どうする情報源　報道改革の分水嶺』リベルタ出版）。

（1）読者・視聴者に情報価値の判断の手がかりを与える
（2）情報提供者に情報の内容への責任をもたせられる
（3）メディアも報道内容に大きな責任を負うようになる
（4）情報提供者による情報操作を防止することができる
（5）ニュースやメディアへの信頼が高められる

藤田氏は、誤報や捏造、情報操作が入り込む余地を与えず、公正で正確な報道を実現するためにも、情報源の明示が重要だと指摘していました。藤田氏の指摘のうち「報道」や「ニュース」という表現を「ファクトチェック」に置き換えればそのまま当てはまるでしょう。

こうしてみると、綱領の第一原則の「公正」の理念を実現するうえで、第二原則の「情報源の透明性」が必然の要請であることがわかるかと思います。

重要なのは読者への判断材料の提供

ただし、ファクトチェックの世界でも、情報源の明示といっても無条件ではなく、やはり取材源を秘匿する必要性が認められる場合は匿名にしてもよいとされています。取材源の安全を脅かしてまでファクトチェックを優先するということは認められないでしょう。ただ、仮に匿名の情報源に依拠するときは、匿名にしなければならない理由やその情報が信頼できる理由、その情報がファクトチェックの結論を導くのに必要な理由をできるだけ詳しく説明しなければなりません。そうしないと、ファクトチェックに対する信頼はなかなか得難いのではないでしょうか。

そうすると、匿名の情報源に基づいたファクトチェックは例外的であって、基本的には、公開された情報や情報源を明示できる情報に基づいてファクトチェックを行なうことになります。

この点は、いわゆる（ある言動の前提作業として行なう）「事実確認」とは大きく異なる点です。一般的な事実確認作業では、その結果を必ず公表しなければならないものではないので、その目的に必要な限りで、匿名の情報源であっても事実の把握に必要と考えれば利用しても構わないと考えられます。

また、これは通常の「報道」とも異なる点です。「報道」は、情報源を明示できない場合であっても、その情報源が信頼に足るものであり、報道する価値、必要性があれば、躊躇（ちゅうちょ）なく報道するというスタンスでしょう。

ファクトチェックの世界では、報道の世界における情報源明示ルールをさらに一歩進めて、できるだけ調査に用いた情報・データを詳らか（つまび）にしようとします。なぜそのような検証の結論に至ったのかを開示し、その言説の真偽について読者が自ら判断できるよう、必要十分な根拠情報（エビデンス）を提供しようとします。ファクトチェックの本質は、エビデンス・シェアリング（信頼できる根拠情報の共有）だといっても過言ではない、と考えています。ですから、間違いかどうかの結論を示すだけのものや、読者が一から調べ直さなければならないような情報提供の仕方は、ファクトチェックの本来のあり方ではないのです。

ファクトチェックの方法論を示す

次に、説明の都合上、綱領の四つ目に掲げられている方法論の透明性(transparency of methodology)について先に述べておきたいと思います。「方法論」というと難しく聞こえますが、要するに、どのような手法でファクトチェックを行ない、発表しているのか、きちんと読者に説明するということです。具体的には、対象とする言説を選ぶ基準、ファクトチェック記事に誤りがあったときどのように訂正するのか、といったことです。個別のファクトチェック記事を発表する前提として、こうした方針を明らかにしておくべきとされているのです。

「報道」では通常、大原則を掲げることはあっても、外部に向けて方法論を示すことはしません。報道の場合は、記録して報じるに値するかどうか、ニュース価値があるかどうかを、メディアの編集者やジャーナリストがそのつど判断してやっていますが、その判断基準を説明することはありません。読売新聞なら「読売信条」、朝日新聞なら「朝日新聞綱領」、毎日新聞なら「毎日新聞社編集綱領」、産経新聞なら「産経信条」というものがありますが、抽象的な理念がうたわれているだけで、具体的な方法論が書いてあるわけではありません。

ファクトチェックの特徴として、ある言説内容が真(True)／正確(Correct)なのか偽(False)／不正確(Incorrect)なのかを評定する機能があります。ファクトチェックの世界では「レーティング」と呼ばれています。ここでは「判定」と訳すことにします。判定の基準は、ファクトチェック団体によってまちまちで統一されているわけではありません。ですので、それぞれの団体が判定の基準を定め、公表しておくことが望ましいとされているわけです。

このようにあらかじめ方法論を示すことにより、読者はそれぞれの団体がどういう基準や手法でファクトチェックをしているのか確認することができ、読者から情報提供を行なう際にも参考になります。また、その団体に所属するファクトチェッカーやライターにとっても、個別の案件を処理する上での指針となります。

方法論の事例――「ポリティファクト」の場合

方法論はファクトチェック特有のもので、イメージをもちにくいと思いますので、前出の米国のファクトチェック団体「ポリティファクト」の例を紹介したいと思います。「ポリティファクト」は二〇〇七年に活動を開始し、〇九年にピューリッツァー賞を受賞しています。以下、主要な項目の概要を見ていきましょう(長年、フロリダ州を代表する地方紙『タンパベイ・タイムズ』によって運営されてきましたが、二〇一八年二月にオーナーがジャーナリズム研究機関の「ポインター研究所」に変わりました。そのためホームページの記述が一部異なっているところがあります)。

①目的

まず、「ポリティファクト」は主に政治家ら公人の発言の正確性を判定することを目的としたサイトです。ホームページには「独立性、透明性、公平性」を旨とし、「民主主義社会において市民が自己統治するのに必要な情報を提供すること」との活動目的が記されています。

②対象範囲

ファクトチェックの対象範囲については「政治家、選挙立候補者、政党幹部、政治アクティビストらの主張。政府部門に属するあらゆる公人が対象。ここには地方議員から上・下院議員、大統領まで含まれる。政党や支持団体などの政治活動に関わる有力グループの主張もチェックする」などと書かれています。

姉妹版サイト「パンディットファクト」(PunditFact)は、政治評論家やコラムニスト、ブロガー、政治アナリスト、トークショー司会者やゲスト、メディア関係者も対象範囲にしていると書かれています(二〇一八年三月現在、ホームページが更新されて、この記述がなくなっていますが、基本的に対象範囲は変わらないでしょう)。

③選択基準

「ポリティファクト」は、チェック対象の言説をスピーチやニュース記事、プレスリリース、選挙のチラシ、テレビ広告、フェイスブックへの投稿、テレビ・ラジオとのインタビューなどから探し出していますが、すべての言説をチェックするのは不可能です。そこで、「ニュース価値が高くて重要な言説」を選び出しており、その際の考慮要素が五つ挙げられています。

(1)当該言説が検証可能なファクトに基づいているか(ファクトはチェックするが意見はチェックしない。政治家はスピーチで誇張や過剰なレトリックを使うものだ)

(2)当該言説が誤解を与えるか、間違っているように見えるか

(3)重要な言説か(単なる言い間違えを取り上げて揚げ足を取るようなことはしない)

（4）当該言説が拡散し、繰り返し言及される可能性があるか
（5）普通の人が聞いたり読んだりしたら「これは本当なのか?」と疑問に思うような言説か

④情報源

「ポリティファクト」はオンレコ取材を原則とし、全ての情報源を開示して、できる限りリンクを貼っている、と説明しています。そして、こう書かれています――「読者自身が『ポリティファクト』の判定に賛同できるかどうか、検証できるようにするためだ」。先ほど、綱領の第二原則で示された考え方が、ここでも打ち出されています。

⑤判定方法・基準

「ポリティファクト」は「トゥルーソメーター」(Truth-O-Meter)という独自のレーティングシステムを用いて正確性を判定しており、六種類の判定方法について説明されています。

（1）真実(True)――正確であり、重要な事実が抜け落ちていないもの
（2）大まかに真実(Mostly True)――正確だが、説明や情報の補足が必要であるもの
（3）半分真実(Half True)――一部だけ真実。一部の事実に触れなかったり、文脈を無視したりしているもの
（4）大半が間違い(Mostly False)――真実も含んでいるが、決定的に重要な事実を無視しているため、異なる印象を読者に与えかねないもの
（5）間違い(False)――不正確なもの
（6）全くのでたらめ(Pants on Fire)――不正確であり、滑稽なもの

このほかにも「事実についての立証責任は発言した側が負うべきである」「発言があった時点で利用可能な情報によって判定する」といった考え方が示されています。

事実についての公的な発言・言説は、それを表明した政治家などの公人が真実であると証明できなければ誤りとみなす、言い換えれば、事実かどうか根拠が定かでない情報を事実であるかのように宣言すべきでない、そんな考え方が根底にあるのだと思います。そのため、必ず言説の発信者である政治家側に、事実の裏づけとなる証拠があるのかどうか質問し、回答を求めているとのことです。

これはあくまで「ポリティファクト」の方針であって、すべてのファクトチェッカーがそういう考え方で判定を出しているわけではありません。たとえば、「アフリカチェック」(AfricaCheck)という団体ではその時点での公開情報で真偽を証明できない場合に「証明不可能」(Unproven)というレーティングも用いています(第三章で詳しくふれます)。要は、どういう考え方でファクトチェックの判定を出しているのか、それぞれの団体が方針を内外に示すことが大事なのです。

⑥判定の手順

「ポリティファクト」では、担当のライターが言説を調査し、暫定的に記事を作成し、編集を経て、三人の編集者の多数決で最終的な判定を決める、とされています。

訂正の方法もケースごとに定める

「ポリティファクト」は、次のように訂正の方法も明らかにしています。

（1）記事の主旨に影響する重大な誤りがあった場合、冒頭で「訂正」と明示する。誤りがあった元の記事もリンクで確認できるようにする

（2）記事の主旨に影響しない程度の誤りの場合、記事の末尾に「訂正（Correction）」と明示する

（3）補足説明が必要だったり状況が変化したりした場合、記事を修正して「更新（Update）」と明示する

これは綱領の五つ目の「訂正の公開性」(open and honest corrections)という原則に関わるもので、ファクトチェック記事にも誤りが起き得ることを前提にした考え方です。他者の言説の正確性をチェックする立場なのに間違えることを前提にするとは何事かと言われそうですが、そこはやはり個性をもった人間がやることです。細心の注意を払っても間違いを完全にゼロにすることは難しいということを正直に認めなければなりません。

そこで大事になるのが、読者に対して誠実に説明責任を果たすという態度です。もちろん誰しも間違いは恥ずかしいことで、できるだけ知られたくない、というのが人情。しかし、誤りが判明しても放置しておくようなことがあれば、不誠実のそしりを受け、信用が失墜してしまいます。

ファクトチェック記事は多くの場合、ウェブサイト上で公表されています。従来、ウェブ記事の訂正は、元の記事の隅の方に追記するパターンが一般的でした。しかし、そのやり方では普通の読者は気づかないと思われます。

訂正にもいろいろなレベルのものがあるので、すべてとは言いませんが、やはり重要な訂正についてはトップページにアクセスした読者が一目瞭然にわかるよう掲示してこそ、きちんと訂正

したと言えるのではないでしょうか。元の記事をツイッターで発信していたのであれば、訂正もやはりツイッターで発信すべきではないかと思います。

財源と組織の透明性の原則

最後に、ファクトチェック綱領の第三原則、財源と組織の透明性（transparency of funding and organization）について説明しておきます。

これも第一原則の「不偏不党・公正性」と不可分・密接なものと言えます。特定の主義・主張をもった団体・組織からの出資に依存していれば、それに都合の悪いファクトチェックが排除されるなど、公正さを損なう恐れがあります。ファクトチェッカーが干渉を受けずに独立した立場で活動できるようにするためには、資金源に偏りがないように注意しなければなりません。読者にとってもどういう資金で運営されているのかは関心事でしょう。対外的にも資金源を明らかにし、一部の組織によってファクトチェックが左右されていないことを示すことが必要になります。

また、ファクトチェックにどういう経歴の人物が関わっているのかも明らかにしなければなりません。ですから、個別のファクトチェック記事は基本的に署名記事にすべきですし、組織の代表やウェブサイトの編集責任者も明示する必要があります。責任の所在を明確にしなければ信頼を得られません。責任の所在が不明確な記事は間違いも起きやすくなります。

当然のことながら、読者やファクトチェックに関係する当事者のための問い合わせ先もきちんと明らかにしておくべきでしょう。

「ポリティファクト」の場合も、寄付をもらった財団名や多額の個人寄付者の名前が記されています。記事はすべて署名入りで、編集者・ライターの経歴が紹介され、個人のメールアドレスも公開されています。サイト自体の問い合わせのフォームやメールアドレスもあります。

公正なファクトチェックの目指す道

先ほど述べたように、ファクトチェックをするのもそれぞれ個人の思想・信条あるいは価値観をもった人間ですので、いくら非党派性・公正性の理念を掲げても、主観的な立場・認識が行間ににじみ出てしまうのではないかと思われるかもしれません。そうした疑いをもって見る読者は必ずいるでしょうし、それはむしろ自然なことかもしれません。

一般的に、人は自分の信条や立場と相容れない判断に対して懐疑的・否定的になる傾向があるものです。裁判官でさえ、論争的な事件を担当すれば、その結論がどうであれ、そうした疑いの目が向けられてしまいます。

大事なことは、人間には誰しも程度の差はあれ、思い込みや囚われがあり、自分の考えに有利なように事実を見てしまう傾向があり、そう表現したがるものであるという現実(本性)を、まず認識することではないでしょうか。そのうえで、困難であってもあえて、事実に基づかない言説・情報をきちんと是正し、事実や証拠を重んじる言論社会を目指すのであれば、ファクトチェックという営みは万能でなくても、必ずその一助となるはずです。

ファクトチェックは地道に実践すること自体に意味があります。それぞれの価値観の違いを超えて共有できる事実認識や了解事項を増やすこと、事実に基づかない批判やそれによって生じる無用な誤解や敵意、社会的分断を減らすこと、それがファクトチェックの目指す道なのです。

第三章　国際的な潮流

トランプ大統領を抱える米国

米国では大統領選挙での候補者の発言の事実確認を中心に、ファクトチェックが古くから行なわれていました。しかし、ファクトチェックという活動が広く知られるようになったのは、二〇〇〇年代に入ってからです。

二〇〇三年に「ファクトチェック・ドットオルグ」(FactCheck.org)が設立されています。これはペンシルバニア大学が設置したもので、大統領や議員の発言について重点的に調べています。特にトランプ大統領については、就任後一年間に語った数字について事実確認を行なって発表しています。

二〇〇七年にはフロリダの地方紙『タンパベイ・タイムズ』がファクトチェックを始め、それが前章で詳しく紹介したファクトチェック専門の団体、「ポリティファクト」となります。

この「ポリティファクト」のウェブサイトを開いてみると、トランプ大統領の発言に対するファクトチェックの集計が記載されています。本稿執筆の二〇一八年三月二日時点の数字は次のとおりです。

- True(真実)四%

• Mostly True（大まかに真実）一二％
• Half True（半分真実）一五％
• Mostly False（大半が間違い）二二％
• False（間違い）三二％
• Pants on Fire（全くのでたらめ）一五％

第二章で触れた基準の一覧が書かれており、「真実」、「大まかに真実」、「半分真実」、「大半が間違い」、「間違い」、「全くのでたらめ」と分かれています。

「大半が間違い」から「全くのでたらめ」までを計算すると、発言の七割近くになります。これに、「半分真実」を加えると、調べた発言の八割を超えます。つまり、「ポリティファクト」のファクトチェックの結果、トランプ大統領の発言のうち事実と異なる内容が含まれた発言は八割を超えるとの結果が出たということです。

この団体の創設者の一人で、現在『タンパベイ・タイムズ』の副社長を務めるニール・ブラウンさんは「我々がファクトチェックをしていて驚くのは、この国の最高権力者の発言の多くが事実と異なるということだ」と言って苦笑いしました。

トランプ大統領の支持率は歴代最低の水準で推移しています。ブラウンさんは、その低支持率の原因の一つに、トランプ大統領の発言が常にファクトチェックされていることがあると考えています。

「どのような思想をもつ米国人でも、嘘をつく大統領を支持するのは難しいからだ」

ブラウンさんによると、「ポリティファクト」の設立のきっかけは二〇〇七年の大統領選挙だったといいます。

「民主党の予備選挙でオバマとヒラリーがデッドヒートを繰り広げていて、二人がフロリダに来ることになっていた。フロリダは常に大統領選挙でキャスティングボートを握る場所で重要だ。そしてうちの新聞社のテリトリーだ」

どこのメディアも同じように、大統領選挙となると通常は候補者に張りついて情勢を伝えるということです。しかし、それはどこもやるので同じような記事になってしまうとブラウンさんは感じたと言います。そこで、ブラウンさんが仲間と考え出した手法が、記者が候補者に物理的に張りつくのではなく、候補者の話に張りつくというものだったということです。

大統領選挙の候補者の発言は全てテレビで報じられます。その発言をチェックして、事実かどうかを確認して記事にしたところ、読者からの反響は大きかったと言います。

「読者からの反響は良く、それは本選挙でも続けることになった。あまりに評判が良いので、専門のグループをつくり、それをさらに専門の団体として独立させたんだ。ただ、独立させたと言っても、新聞社から人を出すという形になっている」

「ポリティファクト」はその活動が認められてピューリッツァー賞を受賞しています。この団体のファクトチェックは、前章で見たように、「トゥルーソメーター」(三六頁)で示されます。これは、トゥルース(真実)を示すメーターという意味の造語です。メーターの針が真実度の基準を示し、その上に、評価が言葉で示されるというものです。これは、「ニュースのタネ」が総選挙ファクトチェックで使ったエンマ大王（一三頁図）にあたると言ってよいでしょう。つまり「知ってもらう努力」です。難しい言葉を使って説明するのではなく、なるべく平易な言葉を使い、加えて可能な限り視覚に訴える努力が実践されているというわけです。それによって、多くの人にファクトチェックに親しんでもらおうという狙いがあります。

この「知ってもらう努力」で最も成功しているのは、国際的に著名な『ワシントン・ポスト』紙です。この米国を代表する新聞社では、その評価を、嘘をつくと鼻が伸びるピノキオの顔を使って示しています。以下の訳はＦＩＪ（ファクトチェック・イニシアティブ）の牧野洋さんによるものです。

- 1ピノキオ＝不都合な真実をところどころ隠している。都合のいい事実だけをつまみ食いしている。意図的に一部事実を省略し、一部事実を誇張している。ただし、まったくの嘘ではない（「大まかに真実」という表現でもよい）
- 2ピノキオ＝行き過ぎた事実の省略（あるいは誇張）がある。事実誤認が含まれる場合もあるが、必ずしもそうとは限らない。政治家は言葉遊びを駆使して仮面をかぶることもできるし、法律用語を駆使して有権者を混乱させることもできる（「半分事実」に近い）
- 3ピノキオ＝重大な事実誤認や明らかな矛盾がある。これは「大半は嘘」に分類できる。形式的には正確と判断できる言説が含まれる場合もある（たとえば政府の公式データ）。だが、文脈を無視して使われていれば非常にミスリーディングだ。2ピノキオと3ピノキオの境界があいまいになるケースもあるが、０・5ピノキオは設定しない。だから、われわれは3ピノキオに相当する

要素に注目する

・4ピノキオ＝大嘘

このほかに、「真実、全部が真実、真実以外は何もない」といった場合には「ゼペット」のマークが与えられるほか、言説は事実であっても以前の政治的な立場を一八〇度変えた場合には、「逆さまのピノキオ」が与えられることもあるということです。また、すぐに判定できないものについては「判定保留」というマークをつけることもあります。

『ワシントン・ポスト』紙も「ポリティファクト」と同じく二〇〇七年にファクトチェックを始めています。同紙には二〇一八年三月現在、二人のファクトチェック専門の担当記者がいます。二人だけでファクトチェックをするのは大変ではないかと思うのですが、その一人、ミッシェル・リー記者は次のように話しました。

「私たちが言っているのは、『ファクトチェックをするのは読者の皆さんです』ということ。読者から『この議員のこの発言はおかしいんじゃないか』といった情報を寄せてもらい、それを調べるのです。もちろん、私たちで最初から調べることもありますが、読者の協力なしには続かないと思います」

もちろん、読者はプロのジャーナリストではありません。取材の経験もない人が多いでしょう。それでも、「ネット上にあるこの情報は事実ではないんじゃないか？」とか、「この政治家の発言は根拠が薄いのではないか？」と感じることはできるわけです。そうした情報を提供してもらうことでファクトチェックを進めていくということです。つまり、『ワシントン・ポスト』のファクトチェックは、市民とジャーナリストの協働作業を目指しているということができるでしょう。それは、日本のファクトチェックにとっても貴重な先行事例となる活動だと思います。

米国では、『ワシントン・ポスト』紙で市民が担っている役割をＡＩ（人工知能）が担うという動きも始まっています。これは米国の大学が中心になって開発したソフトで、ＡＩを駆使してフェイクニュースを見つけ出すというものです。「クレームバスター」と呼ばれるそのソフトは、ファクトチェックの対象となるような政治家の言説やネット上の情報を、ＡＩを使って抽出するというものです。

たとえば、トランプ大統領が「日本は米国から輸入する車に関税をかけている」と発言したとします。クレームバスターにその発言をかけると、蓄積している過去のデータと照らし合わせて、その発言が事実と異なる可能性があることを表示してくれるというものです。

さらに、ファクトチェックの対象とすべき発言の絞り込みについても、ＡＩを活用する動きが進んでいます。開発に中心的に関わったビル・アデア教授は次のように話しました。

「これまではファクトチェックの対象となりそうな発言や情報を探すのに、人を何人も投入して時間をかけなければならなかった。時には学生を動員して、政治家の演説を延々とペンを片手に線を引いて、何時間も活字を追わねばならなかった。しかしこのソフトを使えば、瞬時に、そして自動的に、ある程度の絞り込みをしてくれる」

あらかじめ政治家の発言や様々な情報をデータとして蓄積しておいて、ある政治家の発言をチェックする際に、ＡＩがその政治家が行なった過去の発言をふるいにかけます。そして事実から嘘までを数値で示してくれます。

もちろん、それだけでファクトチェックができるわけではありません。ＡＩが抽出した事実でない可能性の高い発言について、最終的には人が確認を行なって判断するというものです。アデア教授も、「最後は人間が判断しないとファクトチェックはできない」と話しています。

欧州のファクトチェック

欧州のファクトチェックは担い手の多様性という特徴をもっています。米国は主にジャーナリストがファクトチェックの担い手となっていますが、欧州はそうではありません。もちろん、新聞やテレビといった大手メディアもファクトチェックを実施しており、ジャーナリストも担い手ではあります。しかし、ファクトチェックを専門に行なう団体では、ジャーナリストに限らず様々な経歴の人がファクトチェックを行なっています。

欧州でファクトチェックを推進してきた「ファースト・ドラフト・ニュース」(First Draft News)はその代表的な存在です。代表のクレア・ワーデルさんによると、この団体でファクトチェックを行なっている人は研究者、市民活動家などで、必ずしもジャーナリストの経験は無いということでした。ワーデルさんによると、この団体は、特にネット上における情報の真偽の確認に力を入れているということです。

「最近では、英国の総選挙についての報道やネット情報をチェックしました。英国の選挙では、米国の大統領選挙のように、フェイクニュースのためのサイトが嘘のニュースを流すという現象はまだ起きていませんが、それでも、見出しを誇張するなどしたミスリーディングな情報はかなりあります。それらの問題を集中的に指摘しました」

英国にはもう一つ、「フル・ファクト」(Full Fact)というファクトチェック専門の団体があります。ウェブサイトの運営責任者を務めるメバン・ババカーさんによると、「フル・ファクト」もジャーナリズムの経験者は少ないということでした。「フル・ファクト」はその存在感が大きくなっていると次のように話してくれました。

「私たちはファクトチェックをするだけでなく、その結果を相手に伝えて修正も求めています。デビッド・キャメロン前首相は在職時に、私たちの指摘を受けて、総理大臣としてのコメントを何度か修正しています」

「ファースト・ドラフト・ニュース」のワーデルさんが語ったように、欧州のファクトチェックは、特にインターネット上に流れる情報のファクトチェックに力を入れていることでも知られています。

ドイツのネット・メディア「コレクティブ」(CORRECTIV)も、ネット上の情報に目を光らせています。「コレクティブ」は大手メディアが取り上げない問題を調査報道するメディアとして誕生しましたが、二〇一七年からファクトチェックに力を入れています。「コレクティブ」でファクトチェックを担当しているデビッド・シュラーブンさんは、次のように話しました。

「ドイツ国内で中東からの難民が暴動を起こして教会に火を放ったという映像情報がインター

ネットで広がりました。それを調査したのが我々のファクトチェックのきっかけでした。調べたところ、デモはありましたが、それは難民の入国を求める正当なもので、暴動と表現されるような暴力的なものではありませんでした。教会への放火というのも全くのでたらめで、たまたまデモが行なわれた近くの教会でボヤが発生したという事実を抱き合わせてつくり出したフェイクニュースでした」

第一章で触れたように、インターネット上に流れるフェイクニュースへの対応は、日本でも急務となっています。そういう意味でも、欧州のファクトチェックからは学べる点が多いと言えます。

アジアでも動き出したファクトチェック

アジアでのファクトチェックの取り組みは比較的最近の動きですが、活発な様相を見せ始めています。

比較的早く活動を始めたのはフィリピンで、「ベラ・ファイルズ」(VERA Files)というファクトチェック専門の団体です。フィリピン大学のイヴァン・チュア准教授が主宰しています。チュア准教授によると、二〇一六年の大統領選挙でその存在が注目されたといいます。

「今のドゥテルテ大統領が当選した選挙では、様々な情報がネット上で乱れ飛びました。新聞はそうした発言を追うだけで、その真偽の確認に力を入れませんでした。このため、私たちの活動に注目が集まったのです」

韓国では、朴槿恵（パククネ）大統領の疑惑をめぐって様々な情報がネット上に流れたことから、新聞、テレビなどでファクトチェックを行なうようになったということです。そして、二〇一七年三月に、ソウル大学が中心になってファクトチェック専門の団体が設立されます。

ソウル大学の名称から「ＳＮＵファクトチェック・センター」（以下、ＳＮＵセンター）と名づけられ、そこにそれまで個別にファクトチェックを行なっていた新聞、テレビ、通信といった大手メディアのほか、新興のネット・メディアなども参加するようになったということです。二〇一八年二月現在、大手メディアを含む二七社が参加しています。事務局長を務めるチョン・ウンリョンさんは次のように話しました。

「韓国でファクトチェックが盛んに行なわれるようになったきっかけは、朴槿恵前大統領の疑惑から弾劾にいたるプロセスでした。ネット上で朴氏を支持する側と反対する側とが入り乱れて様々なフェイクニュースが流れ、その真偽を確認する必要があったからです」

どこの国でもメディアが組織の壁を越えて連携するのは稀（まれ）なことです。なぜ韓国ではそれが可能になったのでしょうか。チョン事務局長はその理由を次のように説明しています。

「メディア各社との交渉は大変でした。しかし、各社も独自で行なうファクトチェックには限界を感じていました。それが本当に正しいのか、という疑問が突きつけられるからです。だから、メディアの側も、ソウル大学がもつ非営利性、独立性、政治的中立性が魅力だったのだと思います」

チョン事務局長は、重要なことをこう指摘しています。

「懸念されたのは捜査機関の動きでした。フェイクニュースを放置しておくと、国家権力がネットの内容に介入する状況が生まれ、このままでは、表現・言論の自由も脅かされる事態になりかねないという懸念が生じたのです」

ただ、まだ方向性が明確でないようです。「SNUセンター」としてファクトチェックを発表しているものの、その内容は各社が個別に行なったファクトチェックだからです。

「現状では、『SNUセンター』の受け皿の中で各社がバラバラにファクトチェックをしています。そこに私たち『SNUセンター』側が関与してはいません。ですから、たとえば、ある政治家の発言についてのファクトチェックを見ると、保守派の『朝鮮日報』とリベラルな『オーマイニュース』とでは異なる評価をしていることもあります。そうした点を整理するには事務局を充実させる必要があります。そのためにも、資金は必要です」

このほか、東南アジアでもいくつかの国でファクトチェックが行なわれているようです。今後、アジアのファクトチェック団体を集めた大会などを開き、互いに技能の向上などができれば良いと思っています。

そのほかの地域

中南米でもファクトチェックは盛んに行なわれています。特に中心的な役割を担っているのがアルゼンチンの「チェッカード」(chequeado)です。チェッカードとはスペイン語で「チェックを行なう」という意味です。二〇一〇年に設立され、主に政治家の発言や政府の発表を対象に、事実と異なる内容がないか確認をしてきました。弁護士で創設者の一人でもあるラウラ・ゾマール代表は、「政府の管理している公的なデータの多くが事実かどうか懸念されたのが設立のきっかけだった」と話しています。

八人の常勤スタッフでファクトチェックを行なっており、ゾマール代表を含め三人のデスク、二人が庶務担当、三人が記者をしているということです。このチェッカードはアルゼンチンでファクトチェックを行なう以外に、中南米全体でのファクトチェックの普及に努めていて、世界のファクトチェックで主導的な役割を担っています。

チェッカードは「ポリティファクト」から多くを学んでいるということですが、ファクトチェックの評価は独自のものをつくっており、「事実・ミスリーディング・誇張が含まれている・早合点・事実ではない」という五つのレーティングを行なっているとのことです。

アフリカでは前出の「アフリカ・チェック」という専門のファクトチェック団体が活発な動きを進めており、極めてユニークな取り組みを行なっています。まず、この団体のユニークな点は、参加している国が複数にまたがることです。始まりは二〇一二年で、最初に南アフリカの大学に設置されました。その後、セネガル、ナイジェリア、ケニアに相次いで設立され、現在はこの四カ国でファクトチェックを行なっています。南アフリカ、ナイジェリア、ケニアは英語ですが、セネガルは公用語のフランス語です。

また、綱領の中で、他のファクトチェック団体の良い取り組みを見習って、さらに質の高いファクトチェックを行なうと定めています。ファクトチェックは、最も早く取り組んだ米国でもまだ発展途上です。ですから実効性のあるファクトチェックを模索する取り組みが世界で続けられています。「アフリカ・チェック」の他者から学ぶ姿勢は日本でも見習うべき点です。

実際、「アフリカ・チェック」の綱領には参考にすべき点が多々あります。その一つが、基準です。その基準が、「正しい・ほとんど正しい・証明が不十分・ミスリーディング・誇張がある・説明不足・正しくない・嘘」と、米国の事例などと比べるといっそう細かく分かれていることがわかります。これについて「アフリカ・チェック」のケイト・ウィルキンスさんは、「ファクトチェックをする中で基準が細分化していった」と話していました。これはファクトチェックを実際に経験している人間の感覚に照らしても、極めて実践的な反応です。私たちも日本の総選挙ファクトチェックをする中で、何度か基準を考え直す必要性に直面しました。

「アフリカ・チェック」はアフリカ国内の政治家の発言やメディアで発信された情報以外に、海外でアフリカについて報じられた内容についてもファクトチェックを行なっています。

ウィルキンスさんは次のように話しています。

「世界に報じられる英国ＢＢＣや米国ＣＮＮは、アフリカについて時に事実に反する報道をしています。私たちはそうした報道についてもフォローして間違いがあれば指摘しています。アフリカについての報道は、まだ多くの点で誤解や曲解が含まれています。それを正すのも私たちの重要な仕事なのです」

「アフリカ・チェック」は五つの原則を掲げています。

（１）事実の言説をファクトチェックで検証する

（2）（真偽の）立証の責任は（情報の）発信者にある
（3）（社会的に）重要なことをファクトチェックの対象とする
（4）その時々の最も信頼できる証拠に基づいてファクトチェックを行なう
（5）新たな証拠が出た際には、早急にファクトチェックの内容を見直し、（必要があれば）修正する

こうした原則は、どこのファクトチェック団体でも掲げているオーソドックスなものです。米国の「ファクトチェック・ドットオルグ」や「ポリティファクト」をモデルに始まった「アフリカ・チェック」は、良いものは次々に取り入れる一方で、変える必要のないものは守り続けることでアフリカ独自のファクトチェックをつくり出そうとしているようです。そういう姿勢も含めて、今後も注目したいファクトチェックの取り組みです。

世界ファクトチェック・ネットワークとグローバル・ファクト会議

ファクトチェックの技能を高めるための国際的な会議があります。「グローバル・ファクト」と呼ばれるものです。二〇一四年に最初の会議がイギリスで開かれ、その後、場所を変えて年に一度開催されています。

この集(つど)いでは、各国、各地での取り組みが発表され、その発表に基づいて議論が行なわれます。二〇一七年にスペインのマドリッドで開かれた際には、五三の国や地域から一八八人が参加し、三日間にわたって議論が行なわれました。この大会には、フェイクニュースの問題に悩むFacebook や Google の幹部も参加し、ファクトチェック団体との連携が話し合われています。

この会議を主宰しているのは米国に本部のあるＩＦＣＮ（国際ファクトチェック・ネットワーク）です。ＩＦＣＮはファクトチェックの技能向上などを促進する目的で、二〇一五年に米国の「ポインター研究所」が創設しました。

設立時から代表を務めているのはイタリア人のアレクシオス・マンザリスさんです。国連職員だったということで、ジャーナリストとしての経験はありません。スペインの大会で、マンザリスさんにその点について尋ねたことがあります。彼の説明は明快でした。

「たしかに、私はジャーナリストの経験を積んでいません。いま、私をジャーナリストと呼ぶメディアもありますが、私はジャーナリストではありません。ファクトチェックという活動をするのに、ジャーナリストの経験があれば良いとは思いますが、絶対条件ではありません」

ではマンザリスさんはどういう肩書になるのでしょうか。

「ファクトチェッカーです。それでいいんです。あまり聞き慣れない言葉かもしれませんが、これで通用します。ここに集まっている人々は、みなファクトチェッカーです」

ファクトチェッカー、つまり「ファクトチェックを行なう人」です。マンザリスさんによると、最近では、この用語が欧米では広く使われるようになっているということでした。確かに、インターネット上で使われる言葉についても広く解説しているサイト「dictionary.com」でも、この言葉が紹介されていました。この「ファクトチェッカー」が、「ジャーナリスト」という用語と同じくらい日本でも広まるように努力したいと思います。

第四章　日本でファクトチェックは広がるか

インターネットとともに拡大したファクトチェック

公開された言説・情報を対象とする現在のようなファクトチェックが本格的に始まったのは、インターネットが普及し始めてからのことです。インターネット上で様々な情報が公開されてアクセスできるようになり、ファクトチェックしやすくなったことが大きいでしょう。しかも、ネットは字数の制約がないため、詳細なエビデンス情報の提供も難なくできるようになりました。米国の政治的ファクトチェックを代表する「ファクトチェック・ドットオルグ」は二〇〇三年、「ポリティファクト」は二〇〇七年に活動を開始し、ピューリッツァー賞をとるなど確実に存在感を高めていったのです。

しかし、これまで日本では、世界各国で広がるファクトチェックの動きがほとんど紹介されてきませんでした。全国紙（読売・朝日・毎日）の記事データベースで調べてみると、ファクトチェックの動きに触れた記事は二〇一五年までに、五件しかありませんでした。

二〇一六年、米国大統領選挙が盛り上がり、九月に民主党ヒラリー・クリントン候補と共和党ドナルド・トランプ候補が対決した第一回テレビ討論会で、クリントン氏は「事実を知りたい人はファクトチェッカーのサイトにぜひ見に行ってください」と呼びかけました。彼女はこの日、少なくとも三回、「ファクトチェッカー」に言及していました。

このとき調べて驚いたのは、ポリティファクトなどのファクトチェック専門メディアだけでなく、主要テレビ局や新聞社が軒並みファクトチェックの特設サイトを開設していたことです。討論会の最中にファクトチェックの結果を流すテレビ局もありました。

米国だけではありません。世界各国ですでに一四九のファクトチェックサイトが稼働していることが確認されています(米国デューク大学の調査。二〇一八年三月一日現在)。

大手メディアが消極的な理由

伝統的な大手メディアで初めてファクトチェック記事を始めたのは、朝日新聞です。二〇一六年一〇月に、臨時国会における安倍晋三首相の答弁を五件取り上げました。

たとえば、「参院選において街頭演説等で、私は必ず必ず、平和安全法制(安保関連法)についてお話をさせていただきました」という答弁について。朝日新聞が参院選期間中に六四カ所で行なわれた首相の演説内容を調べ上げ、「平和安全法制」に言及したのは二〇カ所だけだったと指摘し、「誇張」と判定していました(同年一〇月二四日付朝刊)。首相の演説すべてを取材しているのは大手メディアしかないですし、これを全部調べ直すのも大変な作業だったでしょう。価値のあるファクトチェックであったと思います。

その後、朝日新聞は一年余りの間に、二〇回ほど記事を掲載しています。他のメディアがやらない中で先鞭をつけた意義は大きいのですが、課題もあります。ファクトチェック記事を載せているのは選挙期間と国会開会中だけで、専任記者を置いておらず、特設サイトもできていません（二〇一八年二月現在）。制約のある紙面の中でやっているので、エビデンス情報が詳細とは言えない問題もあります。他の新聞も時々、ネット上のデマを取り上げることはありますが、あくまで一般記事としてであり、いわゆるファクトチェック記事と呼べるような体裁のものはほとんどないのが現状です。

なぜ日本のメディアはファクトチェックにかくも消極的なのか、とよく聞かれますが、いくつもの要因があると思われます。

まず、ファクトチェックという営み自体が知られておらず、その固有の意義や目的、手法があまり理解されていないこと。ふだんの取材活動で手一杯で、ファクトチェックに人を割く余裕がないこと。ただ、日本の大手メディアよりも一社あたりの記者数が少ない外国のメディアでファクトチェックが盛んなことや、専属記者を数人程度置けばやれることからすると、「人手が足りない」というのは理由にならないでしょう。問題は、大半のリソースを記者クラブに張りつかせる構造、新しいことをやろうとすれば様々な部署を説得して合意をとりつけなければならない企業体質にもあると思われます。ファクトチェックは、情報量に制約がないデジタル版でこそ本領を発揮できるのですが、大手新聞社は依然として紙媒体に軸足を置き、デジタル版は紙媒体の記事の延長線という位置づけです。

本音は、編集の側からすればファクトチェックは従来のニュース価値の判断とは異なる次元で行なわれるものなのでやりにくそうだし、読者も興味をもってくれるかわからない、さらに従来の取材対象（政治家など）とも緊張関係を生み出す、経営の側からすればファクトチェックのような新しい領域に踏み出して会社に何の利益があるのか、というところなのかもしれません。

ネットメディアへの期待

腰が重い大手メディアに比べて、新興のネットメディアは（いうまでもなく大手メディアよりも圧倒的にリソースは少ないのに）ファクトチェックに乗り出しています。

前出の「バズフィードジャパン」は、主にネット上のデマを暴くことに力を入れています。二〇一六年に医療系サイト「ウェルク」（WELQ）に不正確な記事が多数あるとの問題を追及し、翌一七年には韓国にからんだでっち上げ記事のサイトを摘発しました。これらは、個別の記事の正確性をいちいち検証するというより、デマサイトの運営者の正体を明らかにするもので、ファクトチェックの手法をとっているわけではなく、ディバンキング型調査報道と言ってもよいでしょう。

ディバンキング（Debunking）とは、都市伝説のような神話や虚構の正体、からくりを明らかにする営みです。ディバンキングをファクトチェックの一種という捉え方もありますが、直接その出所にアプローチして不正な意図を追及しようという点で、手法はかなり異なります。ファクトチェックは、もともと公的・社会的地位の確立している人物や組織が主な対象なので、根拠の提示を求めたり、反論機会を提供したりするという目的で行なわれるのです。

第一章でもふれましたが、ＦＩＪが二〇一七年の衆議院総選挙ファクトチェックのプロジェクトを企画したときにも、「バズフィード」など四つのネットメディアが参加しました。約三週間で合計二二本の記事が発表され、その活動が新聞やテレビで報じられるなど注目を浴びました。まだファクトチェックの手法が十分実践されているとは言えないものの、他にもファクトチェック記事の体裁をとったネット記事も徐々に増えつつあります。今後は、選挙期間や国会会期中以外にも、複数のメディアが恒常的にファクトチェック活動を展開できるような仕組みをつくることが課題です。そのため、ＦＩＪで新たな取り組みを始めています。

膨大な言説・情報から、検証に値する疑義言説を見つけ出す

ファクトチェックは、膨大な言説・情報の中から、検証すべきものを選択、特定する作業から始まります。これが予想以上にたいへんです。

筆者の一人である楊井は、二〇一二年に日本報道検証機構を設立し、メディアの報道の正確性を検証するウェブサイト「GoHoo」を立ち上げ、日本で最初期にファクトチェックの手法を実践してきました。主に全国紙の誤報を検証してきたGoHooで、どのように誤報を見つけ出してきたかを少し紹介しましょう。

誤報の疑いのある記事は外部からの情報提供によって判明することも少なくないのですが、ツイッターなどで「この記事は間違いではないか」「これは事実と異なる」というように疑義を指摘している投稿や記事(これを「端緒情報」あるいは「カウンター情報」と呼んでいます)がきっかけになることがかなりあります。そもそもGoHooの活動は、インターネットに散在する情報源を活用すれば誤報を可視化できるのではないか、という仮説から始まったものでした。

　そこで、我々は日々、膨大なＳＮＳ投稿を「誤報」といったキーワード等で絞り込んだうえで端緒情報を見つけ出す作業をしてきました。ただ、我々が必要とする価値ある情報はそのごく一部にすぎず（一〇〇〇件に一件程度）、非常に労力がかかるのです。いまや多くの大手メディアでも、ニュースの端緒となる情報を発見するために一定の人員を投入してＳＮＳ投稿をモニタリングしていると聞きます。最近はそうした業務を専門的に行なうテクノロジー系の情報サービス企業も現れています。

　ＦＩＪは、ニュースアプリ企業のスマートニュース株式会社、自然言語処理や人工知能を専門とする東北大学大学院・乾（いぬい）健太郎教授の研究室が連携して、日本報道検証機構で蓄積してきたノウハウをベースに、疑義のある言説・情報を効率的に捕捉するシステムの開発を目指しています。さらに、そのようにして捕捉・収集された端緒情報などをファクトチェッカーなどとシェアする仕組みづくりも始めています。そうして、第三章で紹介した「クレームバスター」（四七頁）の日本版のようなものができれば、ファクトチェッカーの力強い味方になるでしょう。

市民とジャーナリストの協働の可能性

　ファクトチェックの多くは公開情報の調査によって行なわれますので、市民参加にも適しています。事実、海外でもファクトチェックの担い手はジャーナリストだけではありません。ＦＩＪでも、総選挙ファクトチェックのプロジェクトでは学生や市民に調査の一部を担ってもらいましたし、端緒情報をシェアする仕組みのプロセスに市民らに参加してもらうことも検討しています。それがうまくいけば、市民とジャーナリストの協働作業が実現することになるでしょう。

ここに言う「市民」とは、職業ジャーナリスト以外のことで、様々な専門家、職種の人、ジャーナリズム関連職の経験者(たとえば、元校閲記者)なども含まれます。こうした様々なバックグラウンドをもった市民が正確性に疑義のある情報・言説を見つけて事実関係を調べ、その調査結果をメディアが最終的に裏づけをとり記事化する、そんなコラボレーションが実現すれば理想的ではないでしょうか。

こうして出来上がったファクトチェックの成果物はそれ自体有益な情報源ですので、いろいろな形で活用できる可能性があります。

ＦＩＪでは「スマートニュース」が中心になって、定型的なフォーマットによるファクトチェックレビューのデータベース化も目指しています。コンテンツとしてのファクトチェック記事は、情報量が多く、それを配信するメディアによってスタイルに違いがあります。そこで「疑義が生じた言説の要旨」「当該言説の発信源や発信日時」「正確性の判定(レーティング)」「レーティングの根拠情報の要旨」「ファクトチェック実施者の情報」といった要素ごとにデータ化します(これを「ファクトチェックレビュー」と呼んでいます)。それを集めてオープンに利用できるデータベースにし、グーグルなど他のプラットフォームがそのデータを読み取って検索結果に反映するなど、様々な用途に利用や活用をしてもらうことを想定しているのです。

情報リテラシー教育での活用も

こうしたファクトチェックの成果物やデータベースは、誤情報問題の研究に役立つ可能性がありますし、情報リテラシー教育への活用もおおいに期待されます。実はすでに教育の現場で、ファクトチェックを実践しようという動きが始まっているのです。

法政大学の坂本旬教授は二〇一七年総選挙の際、FIJが公開したガイドラインを用いて、授業でファクトチェックの実習を行ないました。参加した学生にアンケートをとったところ、大半の学生が難しいと感じつつも、九七%が選挙の投票に役に立ったと回答したといいます。「自分自身SNSを暇つぶし感覚で毎日使っていますが、すぐ隣で恐ろしい情報操作とも呼べる事実が起きていることに正直驚きました。何事も、う飲みにせず、まずは疑いの目を持つことを心がけようと思いました」「フェイクニュースの存在は知っていたが、こんなにも身近だとは思わなかった」といった感想が寄せられました。

教育現場でのファクトチェックは検証記事の公開を想定したものではありませんが、他の学生や教師に読んで検証してもらうため、学生に記事化させた方がよいでしょう。他者の言説・情報の真偽をファクトチェックするとともに、自ら書いた検証記事も第三者に検証されれば、正確に事実を把握し、第三者と共有することがいかに難しいか、いかにすればそれが可能なのか、が実感できるはずです。必ず、情報リテラシーの向上に役立つに違いありません。

いずれにせよ、ファクトチェックは単にジャーナリスティックな実践にとどまるものではなく、その成果をいかに社会で活用していくかは模索が始まったところであり、様々な可能性があるのです。

何事にも限界はあります。可能性は無限、などと安易に述べるつもりはありませんが、限界があると言って思考が停止してしまったら可能性はしぼみ、消えていきます。ファクトチェックについても同じことが言えると思います。

おわりに

「事実は大事だ」

世界中のジャーナリストが様々な取り組みを議論する「世界調査報道ジャーナリスト会議」というものがあります。二年に一度、場所を変えて行なわれており、その頭文字をとってＧＩＪＣ（Global Investigative Journalism Conference）と呼ばれています。世界最大のジャーナリストの集まりとも言われるその二〇一七年の会議で、ファクトチェックが議論されました。

世界の第一線で活躍するジャーナリストがそれぞれの取り組みや最新の技術を学ぶその会議で、ファクトチェックが取り上げられたのは初めてです。三〇〇人入る会場がほぼ埋まる状況に、司会を務めた立岩は、世界のジャーナリストがファクトチェックに強い関心をもっていることを感じました。

その会場で、ある映像が流されました。

映像は街中を映しています。そこに大きめの二つの空き箱が置かれました。その空き箱の間には籠が置かれました。籠の中には野球ボールほどの赤いボールが積まれています。

空き箱をよく見ると、一つの箱には「事実は大事だ」と書かれ、もう一つの箱には、「事実は大事ではない」と書かれています。

カメラは行きかう人々の様子を映し続けます。すると、自転車で通りがかった男性が籠から赤いボールをとって一つの空き箱に入れます。その後には歩いていた女性が同じようにボールをとって一つの籠に入れます。こうして、行きかう人々がいぶかしげにボールを拾って箱に入れていきます。やがて、籠のボールは無くなりました。

するとカメラは箱の反対側に回ります。箱は透明になっていて、どちらにどれだけのボールが入っているのか一目瞭然です。

一つの箱は赤いボールで満たされ、もう一つの箱には数個。赤色に染まった箱は、「事実は大事だ」と書かれた箱でした。

これは、第三章で紹介した、アルゼンチンでファクトチェックを行なっている「チェッカード」が制作したものでした。ゾマール代表は次のように話しています。

「結局、私たちが事実を大事にしようとするかどうか、そこに民主主義の根幹があるのだと思います。もし事実などはどうでも良いと考えている人が多ければ、そこには民主主義は根づかないでしょうし、ファクトチェックを行なう意味もないでしょう。ファクトチェックとは事実を重視する社会、つまり民主主義社会を再確認する作業なのです」

ファクトチェックがもたらすもの――事実を重視する社会

この「チェッカード」の映像は、ファクトチェックが何を実現しようとしているのかを物語って余りあると思います。それは事実を重視する社会の実現です。「チェッカード」の映像にある「事実は大事だ」という箱に赤いボールを入れる人が、社会の多数を占める社会です。

では、日本はどうでしょうか。「事実は大事だ」という箱にどれだけの人がボールを入れるでしょう。総選挙ファクトチェックを通して、疑問を感じるのも事実です。たとえば、大手メディアの報道姿勢はどうでしょうか。

考えてみれば、安倍総理が解散時の会見で語った「（消費税率）二％引き上げで五兆円強の税収となります」という言葉は、新聞、テレビ、通信社の全てで報じられています。ところが、どこも「五兆円強」の数字に疑問を投げかけることはしていません。

ファクトチェックは新聞記者の専売特許のように語る人がいます。私たちがファクトチェックについて新聞記者と話すと、異口同音に、「ファクトチェックというのは私たち新聞記者にとっては当然のことで、いまさらという感じがします」と言います。では、なぜ新聞記者は、安倍総理の「五兆円強」をそのまま伝えたのでしょうか。

実は新聞記者の言うファクトチェックと、ここで語られているファクトチェックとは根本的に異なるのです。新聞記者は、安倍総理の発言が発言された通りに報じられているかをファクトチェックします。つまり、この場合の事実とは、安倍総理が語った内容のままかどうかを確認するという意味です。安倍総理が「五兆円強」と言ったのか、あるいは他の数字を口にしたのかということです。その際、「五兆円強」が実際に正しいかどうかは、後に検証することはあるでしょうが、会見を伝える記事の中では重要ではありません。その結果、消費税率を二％引き上げると五兆円強の税収となるという安倍総理の発言が報じられ、人々の間に広まるわけです。

こうした日本のメディアの報道というのは、枚挙にいとまがありません。事件報道の多くが警察、検察の一方的な発表やリークによって新聞、テレビで伝えられ、必ずしも事実とは言えない情報が広がる問題は、これまでも指摘されています。

ところが、これは裁判になるケース以外では問題にはされず、私たちもそれを疑うことなく受け入れています。日本が民主主義の国であることは間違いありません。日本でマスメディアに携わる人に、「あなたは事実を重視しますか？」と尋ねれば、おそらく全ての人がうなずくでしょう。ただ、それは本当に「事実」を重視しているのか、実は表層的なものなのではないか、そういう疑問さえ感じてしまいます。

ファクトチェックへの参加が、事実を大事にする社会を実現する

少し、新聞、テレビに厳しい見方を示しました。しかし、ファクトチェックは新聞、テレビと対立するものではありません。こうした大手メディアの取材力や発信力が維持されることは健全な社会にとって不可欠です。

ファクトチェックの担い手はジャーナリストである必要はないと書きましたが、ファクトチェックの取り組みは新聞、テレビといった大手メディアと連携していく必要があります。それによって、ファクトチェックはさらに有効に機能することができます。

一方で、ファクトチェックの効果はすぐに目に見えるものではないことも事実です。特にいま問題となっているフェイクニュースについては、即効性のある対策とはなり得ません。フェイクニュースは情報化社会が生み出したあだ花であり、それを駆逐（くちく）するのはそう簡単ではありません。

ただし、社会全体が事実を重視する社会になればどうでしょうか。ファクトチェックは市民が参加して事実を確認する作業ですから、それを社会全体で行なうようになれば、フェイクニュースが氾濫（はんらん）する状況を抑止することが可能になると思います。

これは、極めて重要な点だと思います。ファクトチェックはフェイクニュースを一度に無くす特効薬とはなりません。しかし、ファクトチェックが広く普及して多くの人が実践することで、事実を重視する社会がつくり出せます。その社会は、フェイクニュースに強い社会と言っても良いでしょう。

なお、本書の第一章は楊井と立岩、第二章と第四章は楊井、第三章と「おわりに」は立岩が、それぞれ主に執筆を担当した。

このブックレットを手に取った方の多くが、ファクトチェックに参加してくださることを期待します。具体的な取り組みは第一章、第二章に書かれている通りです。どなたにでもできます。ぜひ、一緒にファクトチェックに取り組みましょう。

立岩陽一郎

大阪芸術大学短期大学部教授．一橋大学卒業後，NHKで社会部記者，国際放送局デスクを務めた後に退職．米アメリカン大学客員研究員を経て，国際的なファクトチェック団体であるIFCNが認定する最初の日本メディアとなるNPOメディア「InFact（インファクト）」を創設し編集長を務める．毎日放送で「立岩陽一郎のファクトチェックラジオ」を不定期で放送中．

楊井人文

慶應義塾大学卒業後，産経新聞記者を経て，弁護士登録．2012年，日本報道検証機構を設立し，メディアの誤報検証サイト「GoHoo」を運営（〜19年）．19〜21年，「InFact」ファクトチェック部門編集長を務める．17年，ファクトチェック・イニシアティブ（FIJ）の発起人となり，事務局長（〜23年）．東京都市大学非常勤講師，日本公共利益研究所主任研究員．

ファクトチェックとは何か　　岩波ブックレット 982

2018年4月5日　第1刷発行
2023年7月14日　第3刷発行

著者　立岩陽一郎（たていわよういちろう）　楊井人文（やないひとふみ）

発行者　坂本政謙

発行所　株式会社 岩波書店
〒101-8002 東京都千代田区一ツ橋 2-5-5
電話案内 03-5210-4000　営業部 03-5210-4111
https://www.iwanami.co.jp/booklet/

印刷・製本　法令印刷　　装丁　副田高行　　表紙イラスト　藤原ヒロコ

ISBN 978-4-00-270982-6　　Printed in Japan

読者の皆さまへ

岩波ブックレットは，タイトル文字や本の背の色で，ジャンルをわけています．

赤系＝子ども，教育など
青系＝医療，福祉，法律など
緑系＝戦争と平和，環境など
紫系＝生き方，エッセイなど
茶系＝政治，経済，歴史など

これからも岩波ブックレットは，時代のトピックを迅速に取り上げ，くわしく，わかりやすく，発信していきます．

◆岩波ブックレットのホームページ◆

岩波書店のホームページでは，岩波書店の在庫書目すべてが「書名」「著者名」などから検索できます．また，岩波ブックレットのホームページには，岩波ブックレットの既刊書目全点一覧のほか，編集部からの「お知らせ」や，旬の書目を紹介する「今の一冊」，「今月の新刊」「来月の新刊予定」など，盛りだくさんの情報を掲載しております．ぜひご覧ください．

▶岩波書店ホームページ　https://www.iwanami.co.jp/ ◀
▶岩波ブックレットホームページ　https://www.iwanami.co.jp/booklet ◀

◆岩波ブックレットのご注文について◆

岩波書店の刊行物は注文制です．お求めの岩波ブックレットが小売書店の店頭にない場合は，書店窓口にてご注文ください．なお岩波書店に直接ご注文くださる場合は，岩波書店ホームページの「オンラインショップ」(小売書店でのお受け取りとご自宅宛発送がお選びいただけます)，または岩波書店〈ブックオーダー係〉をご利用ください．「オンラインショップ」，〈ブックオーダー係〉のいずれも，弊社から発送する場合の送料は，1回のご注文につき一律650円をいただきます．さらに「代金引換」を希望される場合は，手数料200円が加わります．

▶岩波書店〈ブックオーダー〉　☎ 049(287)5721　FAX 049(287)5742 ◀